Andante Pastorale
(Ruhig)
con Ped.
simile .
ben cantando
dim.
esp. dolce
cresc.
marcato il canto
dim.

marcato la melodia
pp
mp
poco f ma tranquillo
dim.
p
pp L.H.
L.H.
R.H.
cédez un peu
poco cresc.
mf
L.H. R.H. p
pp
L.H. pp
p
p
poco cresc.
mp
il canto marcato
p
mf
mf
cresc.
f
mf
p poco cresc.

cresc.
dim.
L.H.
L.H.
L.H.
cantando
cantando la melodia
R.H.
L.H.
L.H. R.H.

mf
pp
R.H.
mp mf
pp
p
mp
p
pp
p poco cresc.
mp
mf
p
poco sfz
rall.
pp rall. molto
con espressione
p
pp a tempo
poco
mp
p dim.
p
dim.
pp
pp
pp
mp
dolce marcato
p
p